Colectivo Funambulismos

Sara Torres Díaz
Fernando Lorente
Iago Chouza
Cristian Piné

Tensar la cuerda

Ilustraciones: LANCE TOOKS

EDITORIAL CUADERNOS DEL LABERINTO
—ANAQUEL DE POESÍA, nº 143—
MADRID · MMXXIV

De la edición © CUADERNOS DEL LABERINTO
Derechos exclusivos de esta edición en lengua española:
© Cuadernos del Laberinto
www.cuadernosdelaberinto.com

De la obra © COLECTIVO FUNAMBULISMOS:
SARA TORRES DÍAZ, FERNANDO LORENTE, IAGO CHOUZA Y CRISTIAN PINÉ

De las ilustraciones © LANCE TOOKS

Directora de la colección: ALICIA ARÉS

Diseño de la colección © Absurda Fábula
www.absurdafabula.com

El papel utilizado para la impresión de este libro, fabricado a partir de madera procedente de bosques y plantaciones sostenibles, es cien por cien libre de cloro y está clasificado como papel reciclado.

Impreso por Copias Centro (Madrid)

Primera edición: JUNIO 2024

I.S.B.N: 978-84-18997-99-0
Depósito legal: M-13772-2024

Impreso en España.

www.cuadernosdelaberinto.com

TENSAR LA CUERDA

TENSAR LA CUERDA I

trazo la línea
hago de varios puntos en ensanche
hago hilera
lo someto todo al orden
el orden de las cosas de estar solo
toca agotarse
desequilibrar
reducir la duda a su semántica
adelgazar la soga a su atadura
hacer de otro día como evento a lápiz
toca después agotarse
—esas preguntas no merecen—
hago de la nomenclatura línea
y la arrastro toco su final y arrastro
lejos —lejos— cada nudo de su otro
viene de lo rígido a la culpa -deja
las rigideces de estar solo-
camino hacia ello merece
tensión en torno al cuerpo
tiende reposo a su hebra
y así a la otra
—el dolor dispone
todas las cosas a su tiempo—
la cuerda de marcar un cuerpo
y seguir sobre el hilo solo
bordando las fracturas y sus nombres

TENSAR LA CUERDA II

La distancia más corta si recorres
el cielo con la punta de tus dedos,
por ejemplo la línea
recta
de los malabaristas,
dos puntos separados y un abismo
entre ambos con la exacta
altura de tu vértigo.
Se trata de tensar
la cuerda como si
supieses mantener el equilibrio.

TENSAR LA CUERDA III

El dominio de un miedo que arracima
la noche en la esquina de tu cama;
puntillas inestables sobre el foso
de la vida que arrebata
paisajes de lo próspero.
No dudes en tensar
la cuerda como si
pudieses deshacer el maleficio.

Si fuera necesario un protocolo,
lo justo es la verdad,
tan escasa como el miedo
de verte en equilibrio sin la red
que tanto te protege.
Tensa
sin dudarlo la cuerda
del tiempo que la noche te concede
si fuera necesario un salvavidas.

Sí, afirmo que tensar
la cuerda es calibrar
la náusea y revertirse en cada arcada
dos picas con mañana como apoyos.

Puede que tensar la
cuerda
sintonice con la angustia del verbo
caer.

La obscena dilación,
la vida con su amor y su miseria
la cuerda con sus nudos y sus sombras.

Ensueños plateados, tesoros, versos
de la niebla circundante, trabas,
néctar de la herida
besando cada labio...
Tensar
la cuerda,
pensar
la tuerca,
besar
la puerta
de salida y no dudar,
pasar la vida,
cubrir el margen,
decir lo oscuro,
mentir el miedo,
saber lo obvio,
tener amigos,
buscar lo bello,
amar sin tasa...

TENSAR LA CUERDA IV

Tensar la cuerda que une el cuerpo
con aquello que es en cinco dimensiones,
habitar el tiempo y el espacio sin
un orden,
volver a la matriz,
razón humana.

ANDAR LA CUERDA

ordeno los dispersos
segmentos cicatrices
que trazan un paisaje
de batalla

                me ocupo de lo inútil
de ese trueno
de lluvia donde a nadie le interesa

de lluvia donde a nadie le interesa
un trueno ajusta tus sentidos
                              el tren recita
            la gesta de tus cicatrices
te ves a ti te ves al fondo de los infinitos autobuses
te intuyes
            como un tercio de ti mismo
a veces todo se termina
            antes de que rompas a correr

                    antes de que rompas a correr
cuídate
        la nostalgia
                lo primero no olvidar,
                            ser payaso
        es una aptitud
        ágrafa, cuento chino
venido a más
        esa coma extirpada con azufre
                y no duermas, crucifica
        en mitad de las auroras ya poeta
        cada crisis con mis clavos
las frases sin sustancia
                            de la risa
me quedo irrelevante
con ese calambre sutil
                            su frescura
        lava escaras
        regurgita luces...
                        reconcilia
            y nunca digas patria y esas cosas que manchan
            en la boca de los sucios, mejor
        sal y sálvate de noche oscura
        abreva tu lengua con las hadas
en lo alto dame alcance
        crécete de tanta luz y luego
                ponle un gorro a la burricie y canta

porque estás jugando como lluvia en mi ventana
en el ansia que revienta las costuras
póstrate, puédete, quiérete
que el andamio de la flor
en el ojo del silencio
se columpia

se recrea
y vuelve al regocijo

Y vuelve al regocijo de ser liquen,
pequeña naturaleza insabia, sol que no
ilumina aquellos riscos, turba que no
alcanza ya a espesar.
Ruido de ciudades
al hacerse, helio que ya ulula en
los halcones y halla así la calma
de lo humano (un loco que creyó en su propio eco)
aún antes de soñar la creación.

aún antes de soñar la creación
y que nudos y raíces de la casa se formasen
y que el musgo sobre el muro
y que el verbo aletargado de los árboles
en la lengua en un ovillo
se arruinase entre las ramas
en la tela de la araña de la lámpara que arroja
sobre restos de escaleras o de robles
luz

luz
de lado luz de espaldas luz
que habla por la boca del estruendo
así
pudiendo ser un árbol
agitado por el soplo de la sílaba
los hombres suave lumen aguantando
el ritmo de la sombra tras el sueño
el ciclo de los párpados insomnes

El ciclo de los párpados insomnes no vence,
se vende al peso de estragos, y cada noche
la envidia es una pátina de silencio.
Su luz inadmisible ya sepulcro
dispersa agobios y reconduce
los espantajos de la aurora.
Sufre como si quisiera
ser y no ser de nuevo:
esta pesadilla
tan de lo oscuro
regurgita
plegarias,
besos....
Luz,
dame
la luz
que delata
parodias, ser
y luego no ser
rocín o distinguido
botarate que no piensa.
Los ángeles y los demonios
discrepan, izan aspas, la hoguera
de las vanidades aclimatando
guadañas, raíces, las provocaciones
de la quimera de ser y acontecer breves
destellos de la luz lancinante que anochece.

Destellos de la luz lancinante que anochece,
izad vuestras raíces lacerantes.
Lucid en este día decisivo, haciendo bandos,
sabed que nunca un bando es accesorio.
Destellos de la lengua audaz, antes de una lengua
muerta, amor, llámame en tus ratos muertos,
alitera en la litera tu presencia que antepone
la presencia a su bagaje.
Destellos de la luz lancinante que amanece…

Destellos de la luz
lancinante que amanece
y lanza su amenaza a un solazarse
en todo lo que niega
su vocación de tierra y hace luego
del ácido la voz que des com po ne
el ego en huellas torpes, dactilares.

Jamás despertarás como quien cesa.

Jamás despertarás como quien cesa
del cierre de sus ojos y en el rezo
ahoga la palabra.
Así despertarás haciendo tuyos
los trazos invisibles
del zumo de limón sobre la herida
que cura y es susurro entre los dientes,
sintiendo bajo el pie las consonantes
que vuelven a su origen, al estómago,
y allí no significan
ya nada, casi nada
o, quizás, un bostezo

O, quizás, un bostezo, acontecimiento
depravado, la pereza con su circo
de molicie insana,
caterva infinita
de los sin nada que perder, que llorar,
salvo el desánimo que alienta la noche.

O, quizás, un *te quiero*, sin miramiento
cocinado, el deseo con sus cinco
cicatrices puras,
cartilla del saldo
de los con todo que lograr, que soñar,
salvo el descrédito que azuza tu fuego.

Quizás por eso solo sabes silbar
la letra callada y narrar melodías
de árboles cansados
de corazón necio,
como si fuera posible comprenderte
tan animal como cierto: subterfugio.

Tan animal como cierto, subterfugio
como humano en lo incierto, el origen.

Aún aúno las corrientes para hundirme
y ya no extraño a las fieras que no hieden.

Ese mar que se pierde en mi consciencia
fue tan todo como el fin es al principio.

Es Walt Whitman animal y casi cierto
subterfugia salvación y fue el origen.

Subterfugia salvación y fue el origen
del origen de los días que quedaban
por venir
y fue fortuna y fue refugio
fue futuro atareado de presente
tanta suerte fue frontera feliz golpe
de un planeta contra un cuerpo aquel satélite
persistente de la vida estropeada.

persistente de la vida estropeada
la persona pensada desde la uña
y prensada su cabeza

                             da el otoño
la devuelve

               su luz

                      si fuese alambre
vidente del terror o no ver nada
en cada arcén tacón anclado
de tapa al sumidero y se deshace
que no

           que nunca fuimos siendo instinto

que no
        que nunca fuimos siendo instinto
precursor de la censura caimán
denigrante del oprobio o sutil
dicotomía de lo fácil ¿quién
no se bebió en una copa la luz
destilada de legañas la mar
salada todo falso? yo ¿y europa?
una falacia a deshora impotencia
cerval de matadero con el tránsito
diferido y sus sobres con estigmas
espinzados de miseria molicie
violencia afrenta ingente contradiós...

que no
        que nunca fuimos viento ciego
instinto instituido por homero
polifemo luego ítaca luego
ciego de ceniza y de este desdén
que no
        que nunca pudo enceguecerme...

Que nunca pudo enceguecerme,
antes todo estaba ciego.

Y llegó la leyenda de la noche
sobre puestas de sol tan explosivas
como lotos estallando en el ahora
o los árboles tomando edificios,
ese hongo nuclear de pura vida
que renace en el hombre primigenio.

Ahora ya nada le enceguece
y ya nunca existe el miedo.

Y ya nunca existe el miedo,
y ya nunca el miedo impone la costumbre
de encender todas las luces de la casa
para ahuyentar a la noche, a sus gigantes,
y ya nunca aúlla un lobo en el pasillo,
y haces sitio y haces té y haces verano,
veces haces de reciente,
y ya nunca el viejo miedo nuestro.

y ya nunca el viejo miedo nuestro
en la eléctrica tiniebla que nos hace
sucios con la espuma de la fiebre
y ya nos duele ya sabemos
son estas horas tibias en la casa
las que intercalan el aire con la mosca
y en nuestra palma abierta deja
la sangre del ácaro vencido

La sangre del ácaro vencido, así, ¡zas!
Un golpe en la nuca a deshora, sin pasión.
No verás nacer la luz, ni sabrás ya de la lluvia
tremolando en tu alféizar, ni oirás contar las quimeras
de niños y gigantes que se imbrican con nostalgia
de recuerdos inasibles; de mil escalofríos
en la noche de los miedos vergonzosos... y todo
margen de error se difumina, dúctil, huero,
porque ya no eres tú sino secuela atareada...
Y luego despiertas y das gracias por seguir siendo
un intento de quererte, cuenta pendiente
o boceto con ínfulas de gloria,
un desván lleno de larvas de miedo.
«Me estoy quitando», te dices, «me estoy queriendo
más por ellos que por mí», y te levantas
y coges tu cartera de colegio y pronosticas
«esta vez sí, esta vez sí será la definitiva...».
Y seguirás creciendo aunque no estés.

Y seguirás creciendo aunque no estés
cuando plenamente sabes de tu ausencia
y has vertido en el olvido ese recuerdo
de mantas invernales y humedad.

Del patio de tu pueblo y sus ancianos
sólo queda ya tu infancia en la almohada.
La pobreza siempre espera en el momento
que naces para nunca recordar.

Que naces para nunca recordar
el día de tu muerte
o el nombre del verdugo,
que un pájaro a tu oído
susurra cada noche: serie
negra.

Aquí el grano. Y aquí
los relojes
—tic, tac—
más tercos presentándote un cadáver.

Más tercos presentándote un cadáver
estos ojos estuvieran,
replicando las entrañas, no sus aires,
descomponiendo la memoria
en inflamaciones huidizas de materia,
presentando tercamente tales cuerpos
que fueran ingeniería por la carne,
y ahora, más escenas, nada, de comedia
donde eleva su papel la larva,
como de súbito, sutil protagonista.

Como de súbito, sutil protagonista
          —la cámara, los focos y su mueca de desdén—.
Como de vértigo, dentro de mis ojos palpando
          —detalles, intersticios, supuraciones espurias—.
Como de tránsito, agria sufro esta noche noctámbula
          —las heces, la náusea, tiritera al fin aplacada—.

Y más atrás, más allá del cristal que hiciste trizas
se te imposta un pestañeo de vidrio quebradizo,
y el zaguán de tu mirada ya no me reverbera
y todo el velatorio se compunge como un cirio
consumido, consumado, a la espera del gusano
en ciernes, en un viernes de dolor tan exquisito.

Me vas a perdonar, no me levanto, ni siquiera
me postulo para el diploma de «qué triste estás»,
y ni lo súbito, ni este vértigo, ni tu tránsito
de dolor tan detallado borrará la caricia
de tu boca en el recuerdo de mis labios, tu lengua
acunando el ápice de la magia si callabas.

Me voy a condenar, te quiero tanto que quisiera
suponerte como supongo la debilidad
y no lo trágico, con tanto séquito, de tal ímpetu
que la luz cauterizara su desmán y salieses
de tu cuerpo en lo granado de la duda, de pronto
revivida tránsfuga de la muerte y sus exequias.

Revivida tránsfuga de la muerte y sus exequias
busca el gozo en las lenguas fronterizas.
Del amor y su dolura poco queda, ahora es plena,
se derrama en lo que suena y explosiona.

Ante aquello que es susurro y reverbera
para y come pachamama en sus entrañas.
De ese musgo, las cascadas, de su celo,
todos saben,

ella es todo lo que en todos dentro arde.

Ella es todo lo que en todos dentro arde,
es el fuego que hipnotiza a los pirómanos.
Y por eso sé su nombre,
su madera.
Sé la casa que crepita bajo el ritmo
de un secreto que obsesiona a los tambores.

Ella es todo lo que en todos dentro suena
cuando nadie dice nada y sin embargo
se comprenden las palabras y los gestos.

Rastros ciegos. Pasadizos.

Lo que en todos dentro arde y serpentea.

Lo que en todos dentro arde y serpentea,
pero nunca haciendo nota de sus aires
de paso, todo lo que
se siente zanja de ternura separa
el fuego en imprecisos materiales.

El instante llega de sentirse torsión
en otros ojos y su leve
deformidad alienta el pulso,
el aleteo que configura la casa
en su calor, y todo para nunca

volver a ceder
a los espasmos y estar solo.

a los espasmos y estar solo volver a ceder
es un error un horror con déficit de gestión
de la autoestima

mejor supurar cieno
alegar displicentes hemorragias
descuartizar los ojos en las ramas
y sobreseer el expediente de aquel trance
de los idus de marzo y la traición
en la mirada del amigo del alma
y carcelero trátame bien mas no te tardes

ceder a los fantasmas y estar muerto es un error
como la copa de llanto
como la nieve en verano
como la punta de un dardo
como la vida sin versos que llevarse a la tumba

Como la vida sin versos que llevarse
a la tumba de Rilke, elegías de Duino,
y *¿Quién, si yo gritara, me oiría en los
coros celestiales?* La belleza en nosotros,

nacimiento de lo terrible.

Ahora sí, pequeño vals vienés, madera
de violín, viejo palosanto:

Que *todo ángel es terrible.*

Breve, como una gota de cristal y vida
que une al final de los caminos
orquídeas, eclipses, susurro de las
arpas y cristales, la antigua
sinfonía que lleva a la redención.

Sinfonía que lleva a la redención.

Catedrales
de palabras que no duran.
                              Un poema
que retumba en la garganta
de una estatua y la corroe,
convirtiéndola en un símbolo

afónico. Movimiento. Frío
mármol, pura fiebre
del que talla en la memoria de lo inmóvil
trayectorias.

Trayectorias,
alguna que llevara hacia la sangre,
otras que exploraran los vacíos,
formas de estar solo y anunciarlo
con una voz que se desprenda
de sus espirales y sus actos.

Pero es esta la trayectoria,
la infinitud despliega sus mallas
y toda su luz ya queda lejos
de su otra luz, la masa errante.
En su centro brilla,
en el centro de su centro
confirma su lumbre
y en los ojos solo son sombras sutiles,
trepanando acarician.

trepanando acarician
mi yo bueno ese de ojos
pequeños y apagados
mi yo de circunstancias
doblegado por tanta cantinela
coche piso en propiedad dos alturas
desde las que matarte
y me salvas la sonrisa y me limas
las maneras tú de pura delectación
fuego y normas que quebrantar

a mis años
ya casi todo es nada salvo
el amor los amigos y este rato
de leernos los ojos pequeños y vivos
dentro de este poema
¿qué dar hacer o parecer?
el tiempo que me aturde
se maquea la cara de reloj
mientras arruina cada sueño

pero deja
que te cuente este cuento
que acaba bien
he visto asombros más genuinos que la carne
aunque nada como tú para templar el invierno
te me caes de los enigmas floreces
y te tengo entre los versos como manos

y acaricias cuando callas porque estás muy bien callada
y nada como el silencio si acaso el jazz y tu boca

es todo lo que tengo que decir
y ahora llámame perro pero dame paz

Y ahora llámame perro pero dame paz,
y dame fuego, dame la oscuridad de tu cuerpo,
el cigarro ardiendo, dame tormento a la luz de neones,
dame una camada de leones, tu alboroto
y Larios de bar de carretera, que tenga feliz viaje.

Dame pan y dime tonto, el cante de un poema:
«dame la trinidad oscura de tu alma,
el cajón extraño de tu cuerpo, y alta parábola de ti».
Dame duelo y dame fatiga, sopa con ondas recalentada,
dame sedimento de fino la Ina, pero eso sí, nunca me des
del puchero, gallina.

Del puchero, gallina.
Lugar no me reserves en la mesa
donde alguien levantaba
la copa de un jarabe que fue vino
que todo lo curaba y se arruinó,
brindando por el cuerpo
sin beso de la fruta.

Las sobras que conforman al hambriento
propina son al fin
y al cabo, caridad,
                            ración
de sombra.

Pero la piel sí. Dame
la piel completamente, de los viernes.
La pulpa y el instante más feliz.
De tu vocabulario, lo que no
dices jamás pero quisieras.
Eso que no es enfermedad
y corre en el sudor
yo quiero de la fiebre.

Yo quiero de la fiebre
su lenguaje de espasmos estas veces,
las hubo, otras, reciclé las perlas del vómito,
las décimas en su miserable cota,

        —qué pocas
        sacudidas hacen falta,
        muy pocas,
        y hacen zanja
        con solo estar ligeramente
        triste—

querría, mejor dicho,
devolver este calor a sus legítimos
orbitales. No nos conocemos,
no sabemos las probabilidades
de que estés enferma o cerca.

                              de
                          que estés
                       enferma o cerca
                 o que subas o que en ciernes
             de la pura contrición te desesperes
            no me importa ni si quiera que diluyas
          en la náusea tus remilgos como un óbolo
                          tardío
                          ya me
                        entiendes
       yo pretendo descubrir la bagatela de tus ojos
         y jugar a ser de verde o cieno por si acaso
             cuando clavas discontinua tu silencio
              tu puñal de indiferencia y marcas
               una muesca más en tu osadía
                como si fuera la santa res
                  que se entrega dócil
                    y clama plácida
                      y después
                        sangra
                        dulce
                        suave
                         dete
                         nida
                         men
                          te

                           .

                           .
                de que estés enferma o cerca
                 no hay cuidado ni motivo ni razón
      el malestar es un   hastío depravado
          pentotal en la mirada   que se allana y tergiversa
             o quizá escopolamina de este odio incandescente
                porque estés enferma o cerca me destruye
                y perniciosamente enreda la disculpa
                  de quererte entretejida para
                   ser entretenida de lo ocioso
                    y después huella infame
                       y de lo obvio
                        solo duele
                          deplo
                              ra
                                ble
                                  men
                                    te
                                       .

                                          .
                                            .

Solo duele deplorablemente, no te va a doler en
1
    2   (casi)
      3
      tejidos verjurados barbitúricos,
          vena que cavila entre

            4
           paredes de piel que no se mueve.
              5
             sentidos sin virar a la mirada
                prohibida, droga que te habita.

                  Manada de
            6
             lobos, el fuego de mil lavas,
          la fiebre que me llena
        no me duele sino el heno de los
     7 continentes con Zelandia, o en
   8 los planetas infinito.

    No duele el paroxismo, la vida a antojo ajeno, solo muere
cuando dueles deplorablemente.

Cuando dueles deplorablemente,
cuando dueles, por ejemplo, por inercia,
mueres solo,
como el acostumbrado al infinito,
a su inmensa quietud muere
—Borges lo cuenta mejor que yo—.

Cuando dueles desdeñando cicatrices,
trazos firmes de la edad en tus espejos,
y envejeces ensayando más paredes,
y silencios que parecen catedrales,
mueres muro pero solo,
mueres piedra, mueres, cuando
deplorablemente,
lamentablemente,
funestamente
dueles.

Dueles,
eres sucesión terrible, hueco de esponja,
prendida suciedad que no ha alterado
el aire. Porque de estos
maullidos transparentes se construye
tu semántica. Podrías, eso sí,
reparar la cerámica de la memoria,
pero sé que no lo harás, es fácil
pisar la tierra
acostumbrada
a nuestras   gravedades   y
dar

del hueco
gesto.

gesto de verdad. mas sabes

        —nunca supongas cada
        aspaviento
        espejeando
        cismas—.

    la entelequia
que estafa
futuros
los cimientos
que flotan sobre el lodo

       o se hunden

        —cuánta
        consideración—.

¿nos mata
la amistad que más traiciona? ¿o da
desesperanza? ya no hay verdad

       susurran

no
lo soportamos. y si fuera posible

        —sí, si fuera
        lo más sensato—

¿qué haríamos ahora?
el ansia del ingenuo
cuando el cuerpo
no supura desastres

              —sin cánticos
              o lloros—

urde
dos mil trampas
sutiles
recompone
futuros.
rescata lo que es suyo. añora todo.
qué dulce mentira clava sin querer.
dónde se guarda tanto afán
latiendo.

         recobrar

la palabra.

            ungirse de verdades como si
            fueran nuestras.

lavarse la inocencia
que nos hizo soñar.
luego saberse entero

            para no ser codificado

cero
uno
cero
uno cero

—no
es posible
saber no morirse—.

revivir

es un cisma.
superar
la vileza
espanta los fantasmas...

ya ves,

esa balanza.

Esa balanza barnizada de gerundios
y geranios que sabe a siemprevivas
y aguafloras, anfibios de la anémona,
caléndula... la carne de las flores.

Es selva que pulula y que te talla,
te cubre de la flor del tamarindo,
las voces de tu tribu en las rodillas.

Las uñas de alquitrán y de la palma
que hoy nos desforesta, y ciega
con helechos la mirada que niega
el llanto de la Tierra.

No busques en estrellas más recónditas,
amor es lo que vive en cada célula
que sabe de su hogar raíces, cielo,
de techos nunca hablamos en la magia.

En ciénagas la historia se repite
y aprende que todo se sabía
en sólo un segundo de consciencia.

Universo que me versa y me completa
La vida que me estalla y me rebosa,
poema infinito que empezaba:

Ordeno los dispersos
segmentos cicatrices

y acaba en tu mirada,
sabiendo que comienza, de nuevo,
el cíclico milagro:

El mundo nos habita.

POEMAS PARA

POEMA PARA HABLAR CON LOS TAXISTAS I

Con el bisturí del silencio
y su desolación gastada
te escudriño. Claveteo tu imagen
en esa masa gris que te acredita
más que pez, pero ignorante de todo
lo que se mueve intempestivo.

¿Qué sabes tú, cetáceo, de los coches,
de la luz y su tiniebla, si tienes
el corazón a la derecha
del dial y recopilas rencillas
para dar de dormir a los ancianos?

¿Qué sabes tú, quelonio, de la nada
si ante todo te desmoronas
hecho víscera para gatos
y el gerundio solo es la forma
de retorcer el verbo en el volante,
de conseguir que exprese una parálisis?

Con ese frenesí tan de diario,
con la locura esporádica del taxímetro,
con la matanza indefectible del lenguaje
que orquestas cada noche
¿cómo no saberte objetivo preferente,
desasosiego, desdén, desbarajuste...?
En dos palabras, charla prescindible.

(MICRO)
POEMA PARA HABLAR CON LOS TAXISTAS II

Uber.

POEMA PARA HABLAR CON LOS TAXISTAS III

Te diré, por ejemplo,
edad: barbaridad,
un edificio
que a su derribo aspira,
y a su reconstrucción,
un trayecto
de vuelta que subraya
una noche distinta,
con otros apellidos:
qué raro conducir hasta la plaza
donde nos presentamos ante todas
sus estatuas. Tal vez
nos estén esperando
para decirnos cuatro.
Cosas
que ardieron, amarillas, en un álbum
que custodiaba muecas.

POEMA PARA HABLAR CON LOS TAXISTAS IV

La noche es un desguace de autobuses,
un verbo que se vuelve combustible
por dentro de un motor que se demora
en terminar el tango de sus válvulas.

La noche se acomoda en el estómago
(no puedo respirar y es otra cosa
la que cierra los casos y sentencia
con cierta ligereza mi agonía).

La noche tan de noche que no importa
qué hacer con la chaqueta, ya da igual
si vienes o te vas, y separamos
el cuerpo en dos caballos enemigos.

POEMA PARA DAR LOS BUENOS DÍAS I

Encontrar ese lugar en terciopelo
que promete la delicia de tenerte.

Configuro los perfiles adecuados,
analógicos,
imagino los lugares que habitamos.

Y nos cruzamos, algoritmos naturales,
buenos días sin mediar mensajería:
hacer así un comienzo en la palabra.

POEMA PARA DAR LOS BUENOS DÍAS II

La voz que sigue hablando cuando cesa
la música o el ruido
de fondo de la noche,
dormirse meses antes de esa noche,
cerrarse por completo y discutir
de nada con la niebla o el portero,
salir a trabajar, a comprar ajo,
y dar los buenos días a un agente,
buenos días,
eso es,
cumplir con los horarios y las normas,
ceñir los pantalones a la sangre.

POEMA PARA DAR LOS BUENOS DÍAS III

Empujo el carrito:
se cae Elías —por gilipollas—.
Este sol viperino emponzoña
la luz que mal que bien alumbraba
los primeros compases, las ansias
estrictamente profesionales
de sobrevivir.

Pero no te preocupes, que todo
volverá a su cauce y cada duda
con su penacho encrespado
sobreseerá su expediente,
y las ganas con su pesar encriptado,
y las penas con su moral encrestada,
y la piel que ahora estrenas, y el beso,
y la fuerza que desmorona baluartes,
y esa agua tan refrescante, y la vida
en general o tomada a sorbos
se reconstruye sin freno por el mero
repetirse cotidiano.

No te acobardes y muerde
el bocado que te brinda esta carrera
y rompe la brida y vuelca el carro
nuevamente, porque las caídas
a deshora son las decisivas
como hay dios,
como quiera que se reproduzcan

porque no hay un porque sí,
porque esta no es manera de ver
la vida color de rosa,
o porque la quimera seduce
enumerando limitaciones
sistemáticamente y Elías
me pareció siempre ese payaso
tan hastiado de sí mismo que empalaga.

Así que espabila, reacciona,
ponte las pilas, recobra el mando
de la nave y desportilla ese silencio
que creía ser guardián
de tus imprevistos. El sol ya
está en lo alto y tú y yo tenemos
tanto que vivir…

POEMA PARA DAR LOS BUENOS DÍAS IV

Hay gente con pijama por las calles
muriéndose de frío y arrastrando
maletas que se vuelven monociclos
al dar con una piedra o con su borde.
En las baldosas aparecen alfiles
y anteceden la barbarie
de copa rota y manta
como capa y de ropa
de cama que no cuenta sus dobleces.
La gente viene bostezando
con su boca menguante o casi llena
del humo que humaniza nuestro aliento.
Hay gente que te encuentras
en los lugares menos evidentes
y dan los buenos días con la espalda.

POEMA PARA DAR LAS BUENAS NOCHES I

Que duermas
bien y sea
la noche tu tejado,
el ojo que vigile
tu vigilia
repleta de jardines y jirafas,
de palabras un circo te deseo,
tormentas que te nombren los países
que te esperan
mañana y las personas que dibujan
tu rostro en los espejos de sus casas,

diciéndote que sí,
que sobre el mundo
cae
la noche que te encuentre más feliz.

POEMA PARA DAR LAS BUENAS NOCHES II

Hay tanto que apagar en este fuego
ya ardido y consumido que se acuesta...
saberte al otro lado del enigma
contrasta con la pena del suplicio:
arderte y diseminar tus cenizas
resulta obligatorio (como a Sísifo
su piedra y su impotencia), conocer
los puntos y sus íes, la falacia
de toda falsedad que simplemente
pronostica el mal y el bien, el silbido
de noches sin luz, la extrema catarsis
truncada y despreciada del olvido...

Hay tanto que escribir y comprender
y mucho que vivir y descifrar...
Cruzarte con tu sombra y saludarla,
soñar entre los brazos de Morfeo:
yacerte y aquilatar tus desdichas
resulta necesario (cual Teseo
y su hilo y su Ariadna), discernir
lo negro sobre blanco, la esperanza
de justa humanidad por horizonte
que convierte hiel en miel, el sonido
del viento en la voz, la pura mistura
del beso y su secuela desdeñada...

Por todo lo anterior y venidero
que tengas buenas noches, dulces sueños.

POEMA PARA DAR LAS BUENAS NOCHES III

Te digo adiós temblando,
te digo adiós, mi vida,
con la seguridad del moribundo
que lentamente se pasea
por los pasillos de los hospitales,
te digo adiós con unas manos
inflamadas de agitación,
te digo adiós mediante
palabras infectadas de su azúcar,
te digo adiós, beso la frente
del otro, buenas noches, no te oculto
el hilo adelgazado de mi voz.

POEMA PARA DAR LAS BUENAS NOCHES IV

Buenas noches como forma absoluta
de entrega a las leyes naturales.
Entender el fin y el infinito,
aceptarnos como medio y consecuencia:

Trascender a la existencia como sueño,
despertar en la conciencia a la mañana.

POEMA PARA SER HIJO DE PUTA I

Con un sordo rumor si no vagido,
con un crespón taimado en la mirada,
con una contumacia insuperable,
con animadversión a lo que amas,

con zafia sutileza, con azogue
robado del espejo de ti mismo,
repudias carantoñas y proclamas
la paz a sangre y fuego, la barbarie:

de poco corazón, se te ha podrido
la vida que tenías en las manos
y ya no eres sinónimo de nada;

dejaste que se encaramara el mal
sobre tus hombros de barro y la ciencia
te proyectó hijo de puta, básicamente hablando.

POEMA PARA SER HIJO DE PUTA II

Lo siento, pero no funciona
nada y suelta el grifo su gotera
y llega al hueso. No funcionas,
date cuenta, no te queda bien
ese vestido. No es algo personal,
sólo es ganarle al grito su viento,
vendarte los ojos y romper
tu brújula y dejarte sola.
Y si vienes de nuevo, volvería
a negarte las heridas y el aliento,
a trabar la cerradura
con un golpe. Lo siento, pero no
funciona nada y es tu culpa, sabes
que es más fácil la tragedia.

POEMA PARA SER HIJO DE PUTA III

Me importa el interés en lo que presto,
la atención que te presto interesada.
Me interesa la secuencia virulenta,
el estar cerca
en el momento que tú sientas la estacada.

POEMA PARA SER HIJO DE PUTA IV

Abundan los ejemplos
en la naturaleza.
No tienes más que abrir cualquier periódico,
y ver la cantidad
de tipos empeñados
en joderte, del centro a las afueras,
la vida, cada duna
de verdad,
robándote el salario, la cartera,
las palabras de sol:
todo un lenguaje
de afectos que era tuyo y de repente
te ofrecen, te financian,
te presentan
envuelto, empaquetado, encarecido.

Escapa de su espesa permanencia,
de su lenta insalubridad.

·coy·medusa· in her ·stone·orchard·

POEMA PARA SUBIR AL EVEREST I

(εστοψ εν ελλοελλοελλοελλο)
¿cómo llegarte y regresar?
vergel de ozono, purísima soledad
exacta del beso entre tierra cielo
la linde independiente comisura
a silencio sin abejas ni su eco...
metros columpiada y ese sabor
en ocho mil ochocientos y pico
la pura esencia de la nieve sola
las ansias domesticadas de vuelo
trenzadas de viento tirabuzones
ciñendo estelas de sueño guirnaldas
escalones de aire bajo las garras
todo alas hendiendo nubes pariendo
o bien cóndor ánsar buitre moteado
en el etéreo empíreo de los justos...
y deviene sextante y residente
y la singladura adora astrolabios
y solo surte de dirección al camino
porque todavía no muestra su mandoble
cuando la derrota es palabra bella
encaramado en la cofa y ojo avizor
grumete, paladín sin desportillar
en la suma de todos los quebrados...
en su desmedido desdén un ángel
superdotado anaeróbico plácido
plurirreverente multieficiente
soltar el lastre renacer en niño
y su enfisema de andar por la casa
con su tisis de cosa inerte
tizna con una mugre sin hedor
imponderable... ese cristal que el vaho
el cosquilleo del hollín su luto
y en cada pulmón arrumba la pluma
el peso de la sombra es alargado

POEMA PARA SUBIR AL EVEREST II

La sombra en la montaña no define
el tamaño de mi miedo:
sólo el camino hasta la cumbre
entiende el viaje cotidiano.

La noche borra tu montaña
y todo empieza cada día.

Creer que existe cima es lo que importa.

POEMA PARA SUBIR AL EVEREST III

No remes, no hace falta,
enarbola tu voz,
tus huellas al camino y anda más,
y cúbrete del frío y de la nube
que suda en tus zapatos.

No remes, no hace falta,
flexiona las rodillas y remonta
la roca que te imanta con su nieve,
alterna tus dos manos
y llénate de heridas
y cúrate de lumbre.

No remes, no hace falta,
el vientre del temblor está a unos pasos,
a pasos verticales donde el vértigo
es cumbre y se corona
de hiedra y sol, de humo.

POEMA PARA SUBIR AL EVEREST IV

Olvida las palabras —no hace falta
hablar para salvar un accidente
geográfico—
y deja que tus pies remonten solos
escombros y laderas;
tú quédate vacío
de pensamiento o del jarabe
amargo que te llevas a la cumbre
de la culpa
—¿es aquí el fondo o falta mucho aún?—.
Los médicos prescriben
amigos limpios y aire fácil.
El sol
arriba quema y hace falta
a veces sentir algo más que hielo.
Paso tras paso pasan, y atrás quedan,
las cimas y los valles y las cimas.
¿Por qué te importa tanto
lo que tanto no importa?

the
light
writer

ÍNDICE ALFABÉTICO DE PRIMEROS VERSOS

ACABOSE DE IMPRIMIR ESTA
PRIMERA EDICIÓN DE
TENSAR LA CUERDA,
DEL COLECTIVO FUNAMBULISMOS,
EL DÍA 2 DE JUNIO DE 2024,
ANIVERSARIO DEL NACIMIENTO
DEL POETA LUIS GARCÍA ARÉS

Porque todos conocen que es un hecho
que siempre en su lugar se queda quieto
aquel que trata de alcanzar la Luna.

LAUS DEO